AF340222

LE ROI DE ROME

EN 1855.

FRAGMENT

DE LA

RELATION DES VOYAGES

DU PRINCE DE*** EN EUROPE.

Par M. François FERLUS, Directeur Propriétaire de l'Ecole de Sorèze, Correspondant de l'Institut national.

Ficta.... sint proxima veri.
Hor.

Se vend,

A TOULOUSE, chez Bellegarrigue, Imprimeur-Libraire;

A PARIS, chez Desray, Imprimeur-Libraire, rue Hautefeuille, n.º 4, près celle Saint-André des Arcs.

1811.

LE ROI DE ROME en 1855.

FRAGMENT

DE LA RELATION DES VOYAGES
DU PRINCE DE*** EN EUROPE.

J'étais héritier d'un grand Empire; mon père voulut que je vinsse en Europe pour y apprendre le grand art de régner, dont l'Empereur des Français a, le premier, dévoilé tous les secrets.

J'arrivai à Londres en 1855, le 19 de mars. A mon entrée dans la Tamise, je fus frappé du nombre infini de vaisseaux dont se couvrait au loin ce fleuve célèbre, qui me parut le rendez-vous de l'univers. Sur une forêt immense de mâts flottaient les pavillons de tous les peuples confondus : tous les vaisseaux pavoisés étalaient des drapeaux de toutes les couleurs; le son des instrumens qui retentissaient sur tous les navires, les cris de joie des matelots, leurs danses vives et bruyantes, des milliers de coups de canon, qui, à de courts intervalles, faisaient retentir au loin les flots de leurs roulemens, et semblaient ébranler la terre et les cieux, tout m'annonçait que j'arrivais la veille d'une grande fête.

J'allai descendre chez le principal Ministre : mon père l'avait connu, et honorait ses vertus et ses principes ; j'y venais et fus reçu en ami. Vous connaissez, lui dis-je, les projets de mon père ; il a voulu que je vinsse visiter l'Europe, étudier sur les lieux les causes et les événemens qui ont fait de cet heureux pays le centre de la paix, des arts, de l'opulence, du bonheur ; examiner les ressorts qui ont donné et qui entretiennent dans cette immense machine un mouvement si régulier, si invariable.

Vous arrivez à propos, me répondit-il, pour célébrer le jour duquel on peut dire que date l'affermissement de cet état heureux. ——En effet, les mouvemens que je vois dans votre cité, les couleurs déployées sur les vaisseaux, la joie qui circule sur votre port, dans toutes les parties de la ville, m'ont appris que c'était demain quelque grande fête pour l'Angleterre. ——C'en est une pour toute l'Europe. Dans tous les états de cette partie du monde on célèbre en ce moment l'anniversaire de la naissance du premier né du grand Empereur. Ce fut à pareil jour, que la fille des Césars, l'auguste Marie-Louise, donna le premier gage de son heureuse fécondité ; ce fut le jour où l'enfant, si impatiemment attendu, si ardemment désiré, donna à Napoléon le titre de père, ce titre qui retentit avec tant de charmes dans le cœur des grands Rois, qui ouvre devant eux une perspective sans bornes, qui réalise l'immortalité méritée par les actes sublimes de vertu et d'héroïsme ; immortalité qui, pour un héros qui n'est pas père, n'est qu'un son fugitif, une chimère brillante. Le nom de Napoléon eût, sans doute, traversé les siècles ; il aurait été répété avec admiration par nos derniers neveux ; mais à présent, ce ne sera pas son nom seulement, ce sera Napoléon lui-même qui, dans ses enfans, et dans les enfans de ses enfans, continuera de recevoir les hommages des générations qui se succéderont sans fin avec les rejetons de sa dynastie glorieuse.

Aussi, avec quels sentimens fut reçu cet heureux don du plus heureux des hymens ?

Les mémoires du temps nous ont transmis les transports de joie des deux augustes Epoux. Napoléon, qui avait reçu sans émotion le don du premier trône du monde, les faisceaux multipliés des palmes les plus glorieuses, que jamais, dans le champ de la victoire, ayent cueillies le génie et la valeur, ne put retenir des larmes de joie, lorsque ses bras paternels reçurent cet enfant premier né, gage d'un si grand, d'un si long avenir.

Les Français virent luire dans cet enfant l'étoile heureuse qui annonçait pour eux la fin des tempêtes, la naissance d'un jour éternel de sérénité. Tous les peuples sentirent confusément l'influence qu'aurait sur eux l'apparition de cet astre propice. Cependant l'esprit de parti et de faction nourrissait encore alors en secret de vaines et coupables espérances ; des peuples, aveuglés sur leurs intérêts, repoussaient la main bienfaisante qui voulait les ramener à la paix et au bonheur ; nous, sur-tout, méconnaissant les véritables sources de la prospérité et de la grandeur, nous faisions tous nos efforts pour empêcher

(7)

l'établissement de cet équilibre heureux qui devait assurer la tranquillité du monde. Le jour de la naissance du Roi de Rome fut pour l'Angleterre un jour de deuil; le silence, la terreur, les sinistres pressentimens répondaient sur nos rivages aux signes d'allégresse, d'espérance et d'amour qui éclataient sur les rivages opposés. Oh! comme elle s'est entièrement dissipée cette illusion de l'orgueil trompé! sous quelle masse de prospérité cet enfant a étouffé pour jamais la rivalité insensée qui a divisé si long-temps deux nations faites pour s'aimer! Nous luttâmes encore pendant quelques années contre le génie du bien, qui voulait recomposer le monde. Napoléon, puisant une nouvelle énergie dans la certitude que ses plans seraient suivis, et qu'il pouvait compter, s'il le fallait, sur la suite des années que la vie de ses enfans ajouterait aux années de sa vie glorieuse, marcha avec plus de rapidité encore vers l'achèvement de ses immenses projets. L'Espagne et le Portugal furent bientôt, comme le reste de l'Europe, arrachés à notre désastreuse influence, la Sicile fut conquise, et le Bosphore nous fut fermé.

Entièrement bannis du continent, nous promenâmes pendant quelques années sur toutes les mers nos flottes impuissantes, par-tout repoussées, par-tout le jouet des tempêtes et des peuples conjurés. L'Amérique indépendante, et dans la force de la jeunesse, avait adopté les principes et la conduite de l'Europe; l'Asie, indignée de la dureté du joug que nous avions fait peser si long-temps sur ses plus belles contrées, se soulevait de toutes parts contre notre puissance ébranlée; nos manufactures, qui naguères rendaient l'univers tributaire de notre industrie, tombaient désertes et inutiles; notre commerce, source et aliment d'un orgueil insensé, était détruit. A la voix créatrice de Napoléon le sol de la France étonné versait dans l'Europe les productions des deux Indes, et desséchait ainsi les seules sources de notre prospérité; des flottes formidables étaient sorties comme par enchantement des nombreux chantiers de la France, et nous tenaient dans la crainte perpétuelle de voir notre redoutable ennemi porter la flamme et le fer au sein de notre île, mal défendue par des troupes accoutumées à fuir devant lui ; le peuple Anglais épuisé, humilié, maudissait les systèmes mercantiles qui avaient amené à cet état d'abaissement l'orgueilleuse souveraine des mers.

Nous sollicitâmes la paix ; Napoléon en dicta les conditions en dispensateur tout-puissant des destinées des peuples, au-dessus du ressentiment et de l'ambition, qui assigne à chaque partie, sans aucun retour sur lui-même, la place et le rang qu'elle doit occuper pour l'ordre et l'intérêt communs.

Entièrement libre de disposer, pour rendre le monde heureux, des moyens immenses qu'il avait employés à le soumettre, il acheva le grand œuvre de la régénération politique et morale. Tout ce qui, dans les lois et les constitutions émanées de sa sagesse, avait été dicté par le besoin du moment, et avait imposé aux peuples des gênes, des privations, des contraintes momentanées, disparut avec les circonstances qui l'avaient rendu nécessaire, et laissa le système de lois de ce sage législateur dans la noble simplicité qui convient à une vaste famille soumise par caractère, par choix, par raison

et par intérêt à un père dont la bonté égale
la puissance. Ainsi, l'architecte, quand il a
mis le comble à l'édifice superbe que son
génie avait conçu, fait disparaître l'écha-
faudage qui, nécessaire pour l'élever, en
masquait pour un temps la grandeur et les
beautés.

A l'ombre de cette douce liberté, que les
lois contiennent sans la gêner, l'heureuse
France réunit bientôt tous les genres de
gloire dont chaque peuple connu n'avait
possédé qu'un seul. Guerrière et législatrice
comme Rome et Sparte, elle posséda l'art
sublime de soumettre et de gouverner les
empires; savante et polie comme Athènes,
Syracuse et Corinthe, elle produisit les
chef-d'œuvres des arts; la poésie et l'éloquence célébrèrent dignement ses merveilles
et ses héros, ses artistes firent parler la
toile, respirer le marbre et l'airain, éle-
vèrent dans toutes les cités de ce vaste Empire des monumens impérissables, qui trans-
mettront aux siècles les plus reculés les
modèles et les lois du goût; sage et agricole
comme l'Egypte et la Sicile, elle environna
de gloire la bêche et la charrue; de vastes

canaux fertilisèrent des contrées stériles, et firent par-tout circuler l'abondance ; commerçante comme Tyr et Carthage, elle alla porter chez tous les peuples les produits de son industrie, et devint elle-même l'entrepôt de l'Univers.

L'Espagne, après avoir été pendant quelques années le théâtre des fureurs, des vengeances, de la désolation, tranquille enfin, et soumise, offrait à l'œil enchanté le spectacle ravissant d'une nation régénérée, qui se relève plus grande, plus heureuse qu'elle ne l'avait été, comme, après un violent orage, la campagne étale une verdure plus riante, des fleurs d'un émail plus vif et plus varié. Dégagé, sous le règne libéral des Napoléons, des préjugés politiques et religieux qui l'avaient si long-temps enchaîné, ce peuple reprit le caractère de ces généreux Castillans qui découvrirent et soumirent des mondes ; qui, à la renaissance des lettres, fournirent des modèles imités dans toute l'Europe, dont la loyauté et la bonne foi ennoblirent le commerce. Ses antiques cités se relevèrent plus florissantes ; de nouvelles se multiplièrent dans ces vastes provinces que le voyageur traversait autrefois dans toute leur étendue sans trouver un asile où il pût reposer sa tête ; de riches moissons, d'immenses troupeaux couvrirent ces plaines désertes, que les vices de l'administration avaient condamnées à une stérilité que désavouait la nature. Les jardins de Grenade, de Valence, de la Lusitanie, qu'embellit un éternel printemps, les bosquets parfumés de myrte et d'orangers, les bords enchanteurs de l'Ebre et du Tage, qui ne couvrirent si long-temps de leurs ombres délicieuses que les haillons de la paresse ou les fureurs de la discorde civile, répétèrent de nouveau, plus vifs que jamais, les accens de la joie et du bonheur. Le robuste berger, son agile compagne, y déployaient leurs grâces légères au son bruyant des castagnettes, tandis que, sous des berceaux de fleurs, l'amant passionné accompagnait sur sa guitare la romance amoureuse... Heureux peuples, célébrez à jamais le Souverain à qui vous devez ce repos !

Alors se déroula aux yeux du monde étonné le vaste plan qu'avait de bonne heure conçu le génie de Napoléon, et dont on n'avait aperçu que des parties détachées ; sans pouvoir en saisir ni les rapports, ni l'ensemble. Il demandait trente ans pour l'exécuter, et le destin, allant bien loin au delà de ce vœu, auquel lui seul avait donné des bornes si étroites, se réservait de proportionner la durée de cette vie précieuse à son utilité, et d'y joindre la longue suite des années destinées à l'enfant dans qui il devait renaître tout entier. On vit les combinaisons qui avaient déterminé le déplacement successif des limites de tant d'états, le renversement et l'élévation de tant de trônes, l'affermissement ou l'augmentation de pouvoir des divers Souverains ; on vit sur-tout le but de cette expédition immortelle, exécutée avec tant de gloire avant que les vœux de la France, qui déjà l'appelaient à l'Empire, se fussent manifestés. Son œil, perçant dans l'avenir, avait vu que l'Egypte devait tenir lieu à la France des colonies situées dans un autre monde, et que la suite des événemens prévus et amenés par sa sagesse devait détacher de la mère patrie ; il avait conçu le dessein sublime de ramener les arts, la civilisation, la philosophie, les lois dans cette terre classique qui en avait été le berceau. Il fut forcé de suspendre cette entreprise glorieuse, lorsqu'il fut appelé pour venir arracher au monstre de l'anarchie les restes sanglans de la France désolée ; mais, en partant, il avait laissé de longs souvenirs dans toutes ces contrées remplies de sa gloire. L'Arabe errant dans le désert, le Musulman couché nonchalamment à l'ombre des palmiers, l'Abissin caché vers les sources du Nil, répétaient le nom du vainqueur des Pyramides, du consolateur compatissant de Jaffa, du législateur bienfaisant qui leur avait fait entrevoir le bonheur fondé sur les arts et les lois. Leurs vœux empressés le rappelaient sur leurs bords ; il les écouta. Les traités lui assurèrent la possession de ces contrées. Une flotte nombreuse y porta une seconde fois une colonie de sages, de savans, de cultivateurs ; elle y porta aussi des milliers de soldats, mais pour être la base d'une colonie fondée sur les principes généreux qui avaient fait fleurir la grande Grèce, Marseille, la Sicile et les autres filles des républiques sages et puissantes de qui elles s'étaient détachées.

(15)

Le Nil, si long-temps esclave et humilié,
voit renaître sur ses bords ses antiques merveilles ; Thèbes ouvre de nouveau ses cent
portes ; Memphis relève ses temples augustes, et croit revoir son Sésostris qui remplit
ses murs de sa gloire ; l'esprit du plus sage
des rois ranime encore les déserts, Palmire
levant au-dessus des sables sa tête superbe,
voit les hordes errantes, civilisées à la voix
du nouveau Salomon, circuler sous ses immenses portiques, et y étaler encore les
richesses de l'Orient. De cette vaste contrée,
devenue une autre France, l'empire de
Napoléon donne en quelque sorte la main
aux autres parties du monde, et les attache
à son système par le lien le plus fort, celui
de la bienfaisance, que ne dégradent ni
l'intérêt, ni l'ambition.

Vingt ans s'étaient déjà écoulés, une famille nombreuse avait rendu l'Empereur des
Français et son auguste Epouse les plus heureux des parens, comme ils étaient les plus
grands des Souverains. Le jeune Roi de
Rome avait crû sous les yeux de ce grand
Monarque. Dans les camps et dans le conseil,
dans les voyages qu'il faisait pour visiter son

Empire, lorsque dans sa ville impériale il recevait les hommages des princes et des rois qui venaient dans sa Cour admirer sa grandeur ou consulter sa sagesse; ou quand, dans l'intérieur de sa famille, il se livrait aux sensations délicieuses du bonheur domestique, ce royal Enfant était toujours à ses côtés. Cette éducation sublime développa de bonne heure en lui les grandes qualités, les vertus éminentes qui font de Napoléon le plus grand des humains, de son auguste Épouse la plus aimable des Souveraines. Dans ses traits on retrouve ceux de ses parens. Son ame se peint dans ce regard de feu qui, dans Napoléon, pénètre au fond des cœurs, embrasse le champ le plus vaste, voit en un clin d'œil le danger, les ressources, et fixe le destin, ou fait lire à tout un peuple ses sentimens et sa volonté; sa démarche est celle des héros; sa physionomie révèle ce jugement infaillible qui ne se trompe jamais sur le but où il faut tendre, ce caractère inébranlable qui y va à travers tous les obstacles, cette justice inflexible, vraie clémence des rois, qui récompense avec générosité, punit sans ménagement. Elle

retrace

retrace aussi la grandeur imposante, la tou-
chante humanité, les grâces majestueuses
de la fille des Césars, de la fille de Marie-
Thérèse. Les peuples dans l'ivresse de la
joie et de l'espoir virent en lui, dès ses pre-
miers ans, Napoléon tout entier, et un gage
assuré de prospérité pour une longue suite
de générations.

Cependant l'Angleterre, à l'ombre de la
paix, avait fermé les plaies profondes qu'avait
faites à l'État la lutte insensée que nous
avions voulu soutenir. Nos vaisseaux sillon-
naient paisiblement les mers devenues une
route libre et commune pour toutes les nations. Notre Roi, rendu sage par les fautes
de ses prédécesseurs, entretenait avec soin
dans son peuple les sentimens de concorde
avec la France, source de notre tranquillité; nous avions la paix avec l'Europe, mais
nous ne faisions pas encore corps avec elle.
L'esprit qui continuait à nous animer, le
caractère du peuple, notre constitution si
vantée, alors qu'il n'y avait de constitution
qu'en Angleterre, depuis si au-dessous de
celle que Napoléon a donné à la France, et
peu à peu adoptée par toute l'Europe; tout

cela, encore plus que les mers qui nous en séparent, nous isolait de l'univers. Tous les sages de nos royaumes désiraient de s'y rattacher.

Dans notre Cour croissait, pleine de vertus et de grâces, une fille de notre Roi. Une princesse Française, née trois ans après le Roi de Rome, embellissait la Cour impériale, et promettait un ornement et un soutien au trône sur lequel elle serait appelée par l'hymen. L'Empereur des Français, qui désirait attacher l'Angleterre à son heureux Empire par des liens plus doux que ceux dont la force et la victoire avaient enchaîné notre ambition, sourit à l'idée d'un double hymen. Le Roi de Rome épousa la princesse d'Angleterre ; le prince royal d'Angleterre épousa la fille de Napoléon. Sous quels heureux auspices furent célébrés ces deux augustes hyménées ! On choisit le jour du mois de mars que la naissance du Roi de Rome a rendu pour la France le plus beau jour de l'année, et ce jour devint, dès ce moment, aussi cher et aussi précieux aux Anglais qu'aux Français, par le double souvenir qu'il retraçait.

Napoléon lui-même voulut visiter la nation à qui il donnait sa fille et chez laquelle
il avait choisi l'épouse de son fils. Il vint
accompagné de son auguste Epouse et de
presque tous ses enfans. Les flottes combi-
nées de France et d'Angleterre formèrent le
cortége de cette auguste famille, et l'heureuse Albion vit descendre sur ses rivages
Napoléon, non terrible, menaçant, armé de
sa foudre invincible, tel qu'elle avait si
souvent tremblé de le voir arriver; mais
père, ami, bienfaicteur, apportant les gages
de sa bienveillance, de la paix et de la prospérité qui devaient en être la suite. Tous
les habitans, avides de voir ce Monarque si
célèbre, se précipitaient sur son passage, et
admiraient dans ses regards ce génie profond
qui créa ses hautes destinées. Devant lui
étaient portées les aigles impériales qui semblaient déployer sur notre île leurs ailes
protectrices; nos guerriers, que leur vol
rapide avait si souvent étonnés sur le champ
de bataille, ne pouvaient à leur vue se dé-
fendre d'une sorte d'émotion; les jeunes
enfans, à qui on avait raconté la terreur
qu'elles inspiraient, se cachaient dans le

sein de leurs mères, qui souriaient de leur crainte enfantine.

En faisant asseoir sa fille sur le trône de l'Angleterre, Napoléon y plaça en quelque sorte une partie de son esprit et de sa sagesse. Le jeune prince, qui sentit le prix de ce don, céda à sa douce influence. Elle s'étendit bientôt sur toute la nation. En conservant la fermeté et la noble fierté de son caractère, l'étendue et l'élévation de son génie, le peuple Anglais se dépouilla peu à peu de l'orgueil dédaigneux, de l'avidité insatiable, de la rudesse farouche, caractère des peuples isolés, pour y substituer la loyauté, la douceur, l'urbanité, la noblesse de caractère, qui font du peuple Français le peuple le plus aimant et le plus aimable. Nos lois, modifiées par ce qu'on emprunta au code Français, rendirent notre liberté moins orageuse, sans la contraindre; notre puissance dans les contrées éloignées plus douce, sans l'affaiblir. Nos mœurs, autant que les nœuds formés avec la famille impériale, nous rattachèrent aux autres peuples de l'Europe, et nous rendirent dignes d'être de la grande famille dont Napoléon était devenu le père, plus encore par l'ascendant de son génie et de ses vertus, que par celui de sa force et de ses exploits.

Le court séjour que fit dans cette île le héros législateur prépara cette grande régénération. Il développa à notre Roi le grand art de gouverner les peuples et de les rendre heureux, d'allier la grandeur et la magnificence publiques avec les jouissances et l'aisance des particuliers; de réprimer et d'éteindre l'esprit de parti et de faction, sans gêner la liberté individuelle; d'ôter au commerce la rouille et l'égoïsme qui le dégradent, sans diminuer son utilité et son étendue; de laisser à la religion toute sa pureté, sa force et son indépendance, en posant d'une main sûre les limites qui doivent séparer les intérêts du ciel de ceux de la terre, et garantir les trônes, la liberté et la tranquillité publiques des entreprises et de l'influence de ceux de ses ministres qui méconnaissent son esprit.

« Mais en vain, lui disait-il, un État serait parvenu au plus haut degré de gloire et de puissance, ce grand édifice poserait sur des fondemens ruineux, si on n'avait pas pris les moyens de former un esprit public et de le perpétuer ; il n'en est qu'un, c'est de donner à la génération naissante des instituteurs fortement pénétrés de cet esprit, qui, attachés au Gouvernement par tous les intérêts les plus puissans sur les hommes, la considération, l'aisance, les honneurs, voient dans la durée et la prospérité de l'Etat la durée et l'étendue de leurs propres avantages ; dont le cœur soit élevé, les idées agrandies, le sentiment ennobli par l'estime et l'indépendance attachées à leurs nobles fonctions ; qu'aucun esprit, aucun intérêt étrangers à l'Etat, n'isolent de la grande famille, pour en faire une de ces familles particulières toujours indifférentes, souvent ennemies ; ce sont de pareils instituteurs qui communiqueront à leurs élèves l'amour du Gouvernement qu'ils aiment eux-mêmes, l'attachement aux lois qui assurent leur bonheur, l'esprit public qui les anime. Des hommes seuls forment des hommes, des citoyens forment seuls des citoyens, des esclaves ne forment que des esclaves rampans et avilis comme eux.

» La durée de l'esprit public est la seule ga-
rantie de la durée des empires ; s'il s'éteint,
tout s'écroule, et périt avec lui. On a vu de
loin en loin des états florissans élevés par le
génie, les exploits, les vertus de quelques
Monarques supérieurs à leur siècle : pour-
quoi sont-ils tombés ? c'est que la régénération opérée par ces Souverains ne pénétrait
pas dans l'enceinte où vivaient isolés les
hommes chargés de former les générations
naissantes, et qu'ils étaient étrangers à l'esprit de l'état et du siècle. Le glorieux
empire de Charlemagne se serait peut-être
maintenu florissant jusqu'à nos jours, si des
Français, animés de l'esprit qu'avait fait
naître ce Conquérant législateur, heureux
du bonheur que ses institutions avaient fait
goûter à ses sujets, eussent eu l'emploi dé-
licat de façonner le cœur des jeunes gens.
Mais ceux à qui continua d'être confiée l'éducation avaient conservé l'esprit particulier
des corps dont ils étaient membres, étaient
étrangers aux lois générales, et obéissaient
à des lois particulières ; ils attendaient leur
bonheur et leur gloire d'une autre main
que de celle du chef de l'état. Les Français

de Charlemagne disparurent, et leurs enfans, élèves du cloître, en rapportèrent un
esprit, un caractère étrangers et opposés à
ceux de leurs pères; et la France redevint
ce qu'elle était avant d'être recréée par le
héros de la deuxième dynastie; ainsi, à une
fleur qui, cultivée par les mains d'un jar-
dinier habile, s'élevait brillante de beauté
et de vigueur, succède une plante faible et
décolorée, si une poussière étrangère a altéré
dans son berceau le germe qui devait la
reproduire. Voulez-vous donc juger de la
solidité d'un empire, ne vous bornez pas à
examiner la force de ses armées, la richesse
de son commerce, son habileté dans les arts;
examinez sur-tout si aucune cause, aucune institution ne tendent à affaiblir ou à
altérer dans les instituteurs l'esprit public,
l'amour des lois, l'enthousiasme pour le
Prince, le dévouement à la constitution de
l'état; et si vous êtes assuré d'eux, comptez
que l'esprit public, enraciné dans le cœur
de leurs élèves, se perpétuera toujours plus
fort et plus énergique jusqu'au dernières
générations.

» Mais comment se procurer ces hommes

utiles; comment les multiplier? comme on se procure, comme on multiplie tout ce qui concourt à la prospérité des états. Vous préparez des couronnes aux exploits militaires, et de grands capitaines naissent à la voix de la gloire; vous encouragez les arts, et les ateliers des grands artistes se peuplent d'élèves. Que les places, les honneurs, la considération soient le prix des connaissances unies aux vertus, à l'amour du Gouvernement, à l'esprit public, et les sages qui peuvent donner ces connaissances, cet amour, cet esprit, s'empresseront de répondre à l'appel du Prince, à la confiance des familles. Ainsi, lorsqu'à Rome et à Athènes l'éloquence et la philosophie ouvraient le chemin aux honneurs et aux richesses, les rhéteurs et les philosophes peuplaient à l'envi le Lycée et l'Académie; ainsi les maîtres ne manquaient pas aux Athlètes animés par l'éclat de la palme qu'ils voyaient briller au bout de la carrière olympique ».

Ces leçons sublimes n'étaient pas la vaine théorie d'un philosophe oisif; il n'y en avait pas une qui ne fût le fruit de l'expérience de ce profond législateur, et dont on ne vit l'application dans toutes les parties de son vaste Empire.

Chaque année, depuis cette heureuse époque, a ajouté à la perfection et à la solidité de l'édifice élevé par la sagesse et le génie de Napoléon. Depuis plus de vingt-cinq ans la foudre de la guerre s'est tue de toute part, et ses éclats, autrefois si terribles, ne sont plus, depuis ce temps, que les interprètes de l'allégresse, le signal des fêtes. Les armées si redoutables, dont l'approche faisait trembler les cités, répandait l'alarme et la désolation dans les campagnes, sont toujours sur pied, toujours animées de l'esprit qui caractérisait les vainqueurs de l'Europe, et toujours prêtes à renouveler, s'il le fallait, leurs exploits et leurs triomphes; mais au lieu des ravages de la terreur et de la mort qu'elles traînaient à leur suite, elles amènent aujourd'hui sur leurs pas le bonheur, l'abondance et la vie; leurs bras, endurcis aux fatigues, construisent des routes superbes, creusent des canaux, dessèchent des marais, élèvent des monumens qui traverseront les siècles les plus reculés; et la patrie reconnaissante attache à l'activité, à la force, à l'adresse que les soldats déploient dans ces travaux utiles à l'humanité, la gloire et le prix qu'elle attachait aux exploits glorieux qui en étaient le fléau. Les couronnes de chêne, de fleurs et d'épis, dont la reconnaissance honore leur front, ne laissent pas regretter les palmes et les lauriers que distribuait autrefois la victoire.

Napoléon, âgé de quatre-vingt-six ans, n'ayant rien perdu, dans cet âge avancé, de la force et de l'énergie de son ame, de la pénétration et de l'activité de son génie, jouit déjà depuis plusieurs années du spectacle le plus doux qui se soit jamais offert aux yeux d'un mortel; l'Europe pacifiée, heureuse, florissante par la suite des plus glorieux exploits, des combinaisons savantes, des créations de son génie dans lesquelles il a su enchaîner l'avenir, et prévenir toutes les causes qui pourraient en borner la durée. Aucune division ne peut plus naître entre les membres de la famille Européenne, tous les états qui la composent suivent le mouvement qui leur a été imprimé : circonscrits dans des limites invariables, heureux, libres, indépendans eux - mêmes, ils concourent tous au bonheur, à la liberté, à l'indépendance générales. La France, immense, immobile au centre de ce vaste système, foyer intarissable de force, de vie et de mouvement, exerce une action puissante et invisible sur tous les états, et les maintient irrésistiblement dans leur orbite, sans que rien puisse déranger jamais cet ordre heureux et immuable. Les nations les plus éloignées, qui, par leur position, semblent les plus étrangères au système de l'Europe, obéissent aussi sans s'en apercevoir à l'impulsion puissante de la France; c'est pour la première fois, depuis l'existence des sociétés, que les hommes jouissent ainsi, sans rien perdre des avantages de la nature, de tous les bienfaits de la civilisation.

L'Empereur des Français, cause de cette harmonie, aurait seul assez de force pour la troubler; mais il ne peut jamais avoir aucun motif de le faire : il ne peut plus ajouter à sa grandeur et à sa puissance; il n'y a plus d'état en Europe qui n'ait adopté ses lois, son esprit, ses vues, et qui ne tienne à lui par quelque nœud; ses enfans, ses neveux, les princes de sa dynastie occupent une partie des trônes de l'Europe, ses filles partagent les autres.

L'ame qui anime ce grand corps ne s'éteindra jamais; elle est passée toute entière dans le fils, à qui Napoléon a donné, avec la vie, toute l'étendue de son génie et de ses vertus. Le Roi de Rome s'élève à côté de lui brillant de toutes les grandeurs, de toute la puissance paternelles, et présente aux générations futures, dans lui et dans ses enfans, le garant de la durée indéfinie de leur bonheur. Ainsi, à côté d'un chêne antique dont la cime majestueuse ombrage au loin la plaine, le jeune chêne qu'il a produit élève déjà à la même hauteur sa tête touffue, brillante de vigueur et de jeunesse, et promet aux bergers satisfaits la jouissance éternelle de l'ombre tutélaire qui depuis un siècle protège leur repos, leurs danses et leurs jeux.

Le ministre cessa de parler. J'étais immobile, transporté de plaisir, en écoutant ces détails précieux ; j'aurais passé la nuit à l'entendre, s'il ne se fût interrompu lui-même pour m'inviter au repos. Des années ne suffiraient pas, me disait-il, pour vous exposer toutes les merveilles du règne de Napoléon ; vous irez vous-même dans son heureux Empire, et vous verrez ce dont les discours les plus éloquens, les peintures les plus animées ne sauraient donner qu'une idée imparfaite. Allez prendre le repos dont vous avez besoin, demain vous assisterez à l'anniversaire de la naissance du Roi de Rome : à la vivacité, à la vérité de la joie qui éclatera de toutes parts, vous jugerez de l'impression profonde qu'ont faite sur tous les cœurs les actions et les grandes destinées de ce Monarque bienfaicteur du monde, et des sentimens d'amour et d'admiration dont l'univers est pénétré pour sa dynastie impérissable.

———————

Permis d'imprimer, à Toulouse, le mai 1811.

Le Préfet,
DESMOUSSEAUX.

De l'Imprimerie de BELLEGARRIGUE, place des Carmes, 6.e section, n.° 114.